Charles Richet

Les Démoniaques d'aujourd'hui

Essai

ISBN : 978-1981472000

10 9 8 7 6 5 4 3 2 1

Charles Richet

Les Démoniaques d'aujourd'hui

Essai

Table de Matières

I. L'HYSTÉRIE ET LE SOMNAMBULISME

Il est probable que, parmi les lecteurs de la *Revue*, bien peu ont franchi les grilles de la Salpêtrière. Un asile d'aliénées, un hospice pour la vieillesse, ne sont pas des spectacles faits pour tenter. On ignore volontiers, on se plaît peut-être à ignorer que dans cette grande ville de Paris une autre ville est incluse, ville de vieilles femmes et de folles, qui compte près de cinq mille habitants. À vrai dire, la Salpêtrière est surtout destinée à héberger les vieilles femmes infirmes. Si quelqu'un, désireux d'analyser les effets de l'âge sur l'intelligence humaine, voulait observer les sentiments et les passions des pensionnaires de cet immense hôpital, il trouverait là les matériaux d'un curieux livre de psychologie. Peut-être un jour cette étude sera-t-elle tentée. Ici notre but est tout autre. Parmi les aliénées qui sont enfermées à la Salpêtrière, il y a des malades qu'on aurait brûlées autrefois, et dont la maladie eût passé pour un crime il y a trois siècles. L'étude de cette maladie, dans le présent et dans le passé, est un triste et instructif chapitre pour servir à l'histoire de la pensée humaine, et, malgré notre insuffisance, nous oserons l'entreprendre.

Dans la première partie, nous décrirons les symptômes psychologiques de l'hystérie. Grâce aux médecins de la Salpêtrière, qui l'ont approfondie avec beaucoup de soin, la connaissance de cette maladie a pris un développement inattendu, et peut-être quelques-uns des résultats obtenus intéresseront-ils les personnes étrangères aux sciences médicales.

Dans la seconde partie, nous montrerons ce que furent aux siècles précédents les affections démoniaques, par quelle étrange succession d'erreurs on a été amené à affirmer que le diable vient se loger dans les corps humains, et qu'il faut brûler, anéantir ces pauvres corps, devenus les réceptacles et les complices des esprits malfaisants.

En dernier lieu, nous ferons l'histoire des grands procès de sorcellerie aux XVIe et XVIIe siècles.

Pour conserver l'ordre chronologique, il eût fallu commencer par les démoniaques d'autrefois, et terminer par les démoniaques d'aujourd'hui. Nous avons pensé qu'il serait préférable de suivre l'ordre inverse. Quand on connaîtra mieux les faits positifs élucidés par les savants contemporains, on suivra avec plus d'intérêt le récit des superstitions qui ont égaré nos ancêtres. L'ordre logique n'est pas l'ordre chronologique, et pour être à même de bien juger l'erreur, il faut d'abord connaître la vérité.

Section I

Le mot d'*hystérie* n'a sans doute pas été souvent prononcé ici. Cela s'explique jusqu'à un certain point par l'opinion erronée qu'on se fait dans le public sur la cause et la nature de cette maladie. Les romanciers, et en particulier ceux qui se disent naturalistes, ne se sont pas fait faute de contribuer à propager la doctrine de l'hystérie érotique. Cette doctrine est loin d'être exacte. Il n'y a pas entre l'hystérie et le célibat une relation de cause à effet, et on peut parler de l'hystérie, étudier ses causes et décrire ses symptômes sans avoir besoin de mettre en latin les passages délicats. C'est une maladie nerveuse qui n'est pas plus lubrique que les autres maladies nerveuses, et, malgré l'effroi qu'elle inspire à des personnes à demi instruites, nous pouvons dire hardiment que cet effroi n'est pas justifié. On aura, je pense, l'occasion de le constater tout à l'heure.

À la Salpêtrière, derrière les vastes bâtiments habités par les vieilles femmes, se trouve l'asile des aliénées. C'est là que sont enfermées les hystériques. Elles ne sont pas disséminées dans les différents services : on les a réunies dans la même partie de l'hôpital, et depuis plusieurs années elles sont confiées aux soins de M. le professeur Charcot. Ce savant médecin, désireux d'appliquer à l'observation des affections nerveuses les méthodes exactes qui sont employées en physiologie, a fait établir à côté des salles réservées aux malades un laboratoire où peuvent être faites des études précises sur les phénomènes les plus délicats de la pathologie du système nerveux. À ce laboratoire est annexé un atelier de photographie. On a pu reproduire ainsi avec une exactitude indiscutable les principales phases des attaques d'hystérie, d'épilepsie et de somnambulisme [1]. C'est ainsi qu'on est arrivé à décrire minutieusement des phénomènes psychologiques si bizarres et si fantasques qu'on y voyait, il n'y a guère plus de deux siècles, le souffle du diable et de tous les démons de l'enfer !

Peut-être sera-t-on étonné de savoir qu'il y a des hystériques enfermées à la Salpêtrière. En effet on n'est pas habitué à considérer l'hystérie comme une maladie grave nécessitant ou autorisant la réclusion. Assurément on n'a pas tout à fait tort ; car, en vérité, la maladie est à tous les degrés. De même qu'il y a certaines brûlures tellement superficielles qu'on les ressent à peine, et d'autres tellement étendues et profondes qu'elles entraînent immédiatement la mort, de même qu'il y a des fièvres insignifiantes et des fièvres rapidement mortelles, de même il y a des hystéries légères, presque imperceptibles, une disposition de l'organisme plutôt qu'une maladie, et à côté d'elles des hystéries graves, si graves qu'elles se confondent avec la démence, avec la paralysie générale et avec l'épilepsie.

À la Salpêtrière, comme on le prévoit sans peine, il n'y a guère que l'hystérie grave. Quant à l'hystérie légère, on la trouve partout. Les médecins, quand ils parlent d'une femme nerveuse, disent : une femme hystérique ; et quoique ce langage, trop médical peut-être, paraisse déplaisant dans une conversation ou dans un roman, on peut dire qu'il n'est pas déplacé dans une étude psychologique, car ce qu'on appelle les *nerfs* d'une jeune femme, c'est tout simplement de l'hystérie.

Je m'imagine que tout le monde connaît plus ou moins les bizarreries du caractère des femmes nerveuses. Tous leurs sentiments sont portés à l'extrême. Il suffit du plus petit événement pour provoquer leur enthousiasme ou leur désespoir. Personne ne pleure avec autant de facilité. Il semble même qu'elles possèdent la *clé des larmes*, au moins pour les faire couler, car pour y mettre *un frein*, c'est une autre affaire. Dire que les hystériques pleurent pour peu de chose est encore exagéré, car elles pleurent pour rien ; elles se sentent tout d'un coup envahies par une douleur indéfinissable, par une tristesse incompréhensible, vague, à laquelle il n'est pas possible de résister. C'est comme une boule qui remonte de la poitrine à la gorge, qui empêche de respirer et qui étouffe. Il faut alors se retirer, se cacher dans le coin le plus obscur de la maison, et là, sans être vue ni entendue, pleurer, sangloter pendant des heures entières ; puis, subitement, cette crise de tristesse cesse et fait place à une étonnante gaîté.

Tout ce qu'on a coutume d'attribuer au tempérament nerveux de la femme rentre dans le domaine de l'hystérie. L'appétit est capricieux, fantasque : aujourd'hui, par exemple, tout déplaît, et il est impossible de faire accepter la moindre parcelle de nourriture ; demain ce sera tout différent, et rien ne pourra apaiser la faim. En général les hystériques ont un goût très marqué pour le vinaigre, les fruits verts et à peine mûrs, régime évidemment peu favorable à la santé. Cette alimentation irrégulière et défectueuse fait que la nutrition générale périclite et que le sang s'appauvrit. Par une sorte de cercle vicieux très commun en pathologie, cette anémie augmente l'hystérie qui l'a fait naître, et presque toujours les jeunes filles anémiques sont plus que les autres sujettes à l'hystérie.

Le caractère des hystériques est fort étrange, comme chacun sait. On pourrait dire, en empruntant une expression à la peinture, qu'il est très pittoresque, présentant des points de vue variés et toujours imprévus. Telle jeune fille, par exemple, a eu hier un caractère charmant, facile, aimable ; mais aujourd'hui, sans qu'on sache pourquoi, tout est changé. Elle ne souffre pas la moindre observation, est mécontente de tout, fait mauvaise mine à tout le monde, enfreint toutes les recommandations qu'on a pu lui faire ; en un mot, elle est devenue aussi indocile que le plus polisson des collégiens. Cette indocilité est d'autant plus surprenante qu'elle survient tout à coup, sans cause, et disparaît de la même manière.

L'amour-propre est toujours extrêmement développé, tellement que la plus légère plaisanterie devient souvent une cruelle offense, subie avec indignation, et contre laquelle il n'y aura pas assez de larmes pour protester. Tout devient un sujet de drame. L'existence apparaît comme la scène d'un théâtre. La vie régulière, simple, facile, qu'amène le va-et-vient de chaque jour, est transformée par les hystériques en une série d'événemens graves propres à tous les développements dramatiques. Elles sont sans cesse à jouer avec un égal succès la comédie et la tragédie sur les scènes plates de la réalité. Rien n'est plus simple que de vivre, rien n'est plus compliqué que la vie, disait Macaulay. Les hystériques sont de ce dernier avis ; elles ne comprennent pas la simplicité. Terreur, jalousie, joie, colère, amour, tout est exagéré, hors de proportion avec les sentiments justes et mesurés qu'il est convenable d'éprouver.

Il semble qu'il y ait chez tout être humain deux forces contraires :

le sentiment et la volonté. Par la volonté on arrive (ou on croit arriver, ce qui est tout un) à dompter ses sentiments, à faire taire l'exubérance instinctive et passionnée de la nature brute. On est maître de soi, *compos sut*, comme disaient les anciens. On sait que telle chose est bonne à dire, telle autre bonne à cacher, qu'il y a des sentiments nobles et des passions basses, qu'on doit obéir aux uns et écraser les autres. Les hystériques ne savent pas tout cela ; elles ne comprennent pas ce qu'on entend par pouvoir dominateur de la passion. La passion les mène, et elles se laissent conduire où la passion veut. Si c'est le vent de la colère ou de la jalousie qui souffle, tant pis ; elles se laissent aller, sans opposition, à la colère ou à la jalousie. Tant mieux si c'est le vent de la charité ou de l'obéissance, car elles seront alors charitables ou obéissantes. Si la fantaisie de dire une impertinence ou une incongruité traverse leur cervelle, voilà que déjà l'impertinence ou l'incongruité est lancée. Les hystériques sont un peu semblables aux personnes qui ont pris du hachich. J'ai raconté ici même ce qui m'était arrivé après avoir pris une petite dose de cette substance. N'étant plus maître de moi, je me laissai aller sans détour à l'enthousiasme qu'avait provoqué un accident insignifiant. Cette exubérance, que je ne pouvais maîtriser, m'a sans doute rendu ridicule aux yeux des étrangers qui étaient à côté de moi.

Aussi ne sait-on jamais exactement à quoi s'en tenir sur les sentiments de telle ou telle personne hystérique. Toute prévision serait téméraire, et il y aura autant de bonnes raisons pour trouver cette personne bien disposée que pour la trouver mécontente. Ses sentiments d'ailleurs seront très passagers ; et elle ne croira pas nécessaire d'établir de transitions entre le rire et les larmes, le dépit et la satisfaction. Sa mauvaise humeur durera « le temps de retourner un sablier ; » et elle se comportera comme les enfants qu'on fait rire aux éclats, alors qu'ils ont encore sur la joue les larmes qu'ils viennent de répandre.

Malgré cette mobilité, cette spontanéité irrésistible, les hystériques manquent absolument de franchise : elles sont toutes plus ou moins menteuses ; moins peut-être pour faire un mensonge intéressé que pour en forger d'inutiles. Elles ont l'amour du mensonge ou plutôt de la tromperie. Rien ne leur plaît plus que d'induire en erreur ceux qui les interrogent, de raconter des histoires absolument fausses, qui n'ont même pas l'excuse de la vraisemblance, d'énumérer tout ce qu'elles n'ont pas fait, tout ce qu'elles ont fait, avec un luxe incroyable de faux détails. Ces gros mensonges sont dits audacieusement, crûment, avec un sang-froid qui déconcerte. Le médecin qui examine des hystériques doit songer sans cesse qu'elles veulent le tromper, lui cacher la vérité et lui montrer des choses qui n'existent pas, aussi bien que lui dissimuler celles qui existent. Les enfants sont dans ce cas, et c'est une grosse erreur de les croire pourvus d'une sincérité native. Personne n'est moins sincère qu'un enfant ; à cet âge on ment effrontément et pour le plaisir de mentir. Chez les races inférieures, rebut de l'humanité, et qui par leur infériorité se rapprochent des enfants et des hystériques, on retrouve cette même tendance à la tromperie. La loyauté et la sincérité ne sont pas nées avec nous. Ce ne sont pas des dons naturels : ce sont des conquêtes sur la nature brute, et si l'homme fait est loyal et sincère, c'est qu'il a su corriger ses instincts mauvais.

On voit combien l'hystérie diffère de la folie. Dans la folie, l'intelligence est profondément atteinte, tandis que l'hystérie est plutôt une forme de caractère qu'une maladie de l'intelligence. De là l'intérêt psychologique de cet état. L'intelligence est brillante, la mémoire sûre, l'imagination vive. Il n'y a qu'un seul côté défectueux dans l'esprit, c'est l'impuissance de la volonté à refréner la passion. La volonté semble être en effet le rouage le plus délicat de l'organisme mental, et dès qu'une substance toxique vient troubler les fonctions intellectuelles, elle débute toujours en supprimant l'influence de la volonté sur les mouvements de la passion.

L'hystérie, au moins dans sa forme légère, est extrêmement fréquente. Les causes qui la déterminent doivent donc être très communes. L'une des principales est l'hérédité. Si le père ou la mère a un tempérament nerveux, il est vraisemblable que la fille sera prédisposée à l'hystérie. Entendons-nous bien cependant sur le sens du mot hérédité. Il n'est pas nécessaire que la même forme de maladie se retrouve chez les parents et chez les enfants. Pourvu qu'il y ait chez les parents du *nervosisme*, ce nervosisme, chez les enfants, se reproduira sous divers aspects. Par exemple un père épileptique peut avoir un fils idiot, un fils fou et une fille hystérique. Cette loi de la fatalité héréditaire est également vraie, lorsqu'au lieu d'une maladie nerveuse aussi grave que l'épilepsie ou la folie, il s'agit simplement d'un tempérament nerveux. De même que la couleur des cheveux, la configuration du nez et le timbre de la voix se ressemblent chez les parents et les enfants, de même la forme du caractère se transmet d'une génération à l'autre. L'observation médicale de plusieurs siècles se rencontre avec le bon sens vulgaire. Au temps de la sorcellerie, la fille d'une sorcière, c'est-à-dire la fille d'une hystérique, était fatalement considérée comme sorcière, et il n'était pas besoin de chercher d'autres motifs d'accusation.

D'ailleurs, les causes accessoires viendront aider cette influence prépondérante de l'hérédité. Une jeune fille élevée avec une certaine recherche, et qui voit autour d'elle ses compagnes d'autrefois parvenues à une situation meilleure que la sienne, deviendra hystérique parce que le sort ne lui a pas donné les satisfactions qu'elle avait rêvées. Les songes déçus, les illusions évanouies, les espérances chimériques sont des motifs presque suffisants pour faire naître la maladie qui nous occupe en ce moment. À Paris, par exemple, et dans les grandes villes, où les jeunes filles des classes inférieures et de la petite bourgeoisie reçoivent une éducation supérieure à leur état social, l'hystérie est très fréquente. En effet, il est souvent bien difficile de trouver le mari idéal qu'elles ont rêvé. Le mariage n'est donc pas un remède, car les difficultés mesquines, quotidiennes, et les soucis étroits du ménage seront une pâture insuffisante aux vastes aspirations d'une imagination déréglée. Aussi, chez certaines jeunes filles comme chez certaines jeunes femmes, qui n'ont guère qu'une légère prédisposition à l'hystérie, la misère, la gêne, le chagrin, font bien souvent apparaître les symptômes de cette maladie. En un mot, l'hystérie a une cause physiologique, c'est l'hérédité ; une cause sociale, la réalité inférieure au rêve.

Cette hystérie légère n'est pas une maladie véritable. C'est une des variétés du caractère de la femme. On peut même dire que les hystériques sont femmes plus que les autres femmes : elles ont des sentiments passagers et vifs, des imaginations mobiles et brillantes, et parmi tout cela l'impuissance de dominer par la raison et le jugement ces sentiments et ces imaginations. Les romanciers ont compris le parti qu'ils pourraient tirer de l'étude de ce caractère. Dans les derniers temps surtout, depuis que le style descriptif est à la mode, depuis qu'on s'est efforcé de mélanger l'art et la pathologie, il y a eu de nombreuses peintures d'attaques d'hystérie ou de caractères hystériques. Ces essais ne sont pas tous heureux. Quelquefois cependant, on rencontre des descriptions exactes qui compléteront ce que nous venons de dire de l'état psychique des femmes nerveuses.

M. Octave Feuillet, en observateur fin et délicat, fait parler ainsi un mari dont la femme est devenue hystérique. Le mot d'hystérie n'est pas prononcé, mais les symptômes sont si nets qu'il ne peut y avoir d'hésitation dans le diagnostic : « Cette femme du monde, dit M. Du Marsan, a subitement emprunté aux prisonniers certaines formules amères, brèves, désespérées, comme on doit en lire sur les murs des cabanons. Cette femme de sens s'est plongée à l'improviste dans la lecture des poètes et des romanciers les moins réservés… J'ai respiré avec terreur, dans cette élocution jadis si sobre, je ne sais quel fade parfum poétique. D'autres fois, on dirait que nous tombons en enfance, tant la tournure de notre discours se fait mignarde et précieuse. Nous y joignons des gestes de petite fille, ou bien, brusquement, notre phrase, tout à l'heure pudique jusqu'à la puérilité, se décoche en un trait presque grivois, en une question d'une curiosité inqualifiable. Nous passons, sans transition, du style Rambouillet ou de la périphrase byronnienne au langage à peine mitigé des dames de la halle, et cela, sans préparation, sans provocation, sans raison d'être. En même temps que la femme et l'épouse, la mère s'est transformée ; depuis que le mari a pris les proportions d'un tyran, les enfants semblent être devenus un fardeau. »

Voilà une observation bien prise ; voilà un véritable *document humain*. Rien n'est plus commun en effet que de voir une jeune femme, jusque-là tendre à son mari et à ses enfants, les prendre subitement en désaffection, puis en haine. Dans ce cas, l'aversion a une cause futile, la plus futile du monde : elle est provoquée par un objet extérieur insignifiant, comme par exemple la forme de la barbe, ou les breloques de la montre, ou le son traînant de la voix, ou l'habitude de répéter le même mot, que sais-je ? il serait difficile d'inventer de propos délibéré une de ces raisons burlesques qu'imaginent les femmes hystériques pour expliquer l'aversion qu'elles ont pour telle ou telle personne. À vrai dire, la personne détestée est en général le mari.

M. A. France, un romancier qui ne dédaigne pas les notions

scientifiques précises, dit d'une de ses héroïnes : « Elle était douce, paresseuse, dégoûtée, avec de grands élans d'affection, et des attendrissements rapides. On avait bien du mal au réfectoire à lui faire manger autre chose que de la salade et du pain avec du sel. Elle s'était fait une amie chez qui elle allait les jours de sortie. Cette amie, qui était riche, mena Hélène dans la chambre capitonnée où elle croquait des bonbons. Hélène s'alanguissait dans ce nid d'étoffes : quand elle en sortait, tout lui semblait terne, dur, rebutant, elle n'avait plus de courage : elle rêvait d'avoir une chambre bleue et d'y lire des romans, couchée dans une chaise-longue. Il lui vint des maux d'estomac qui achevèrent de l'abattre… Elle laissait faire, indifférente à ce qui l'entourait, rêvant de bijoux, de robes, de chevaux, de promenades en bateau, et fondant en larmes à la seule pensée de son père ! »

MM. E. et J. de Goncourt ont raconté l'histoire navrante, misérable, de cette pauvre Germinie Lacerteux. Celle-là est bien une hystérique ; nature inculte, passionnée, ardente au dévouement comme à l'infamie ; intelligence débile d'ailleurs, jouet aveugle de passions dont elle n'a presque pas conscience, et qui l'agitent comme les vents balancent la girouette au sommet des toits. « Germinie n'avait pas une de ces consciences qui se dérobent à la souffrance par l'abrutissement, et par cette épaisse stupidité dans laquelle une femme végète, naïvement fautive. Chez elle une sensitivité maladive, une disposition de tête à toujours travailler, à s'agiter dans l'amertume, l'inquiétude, le mécontentement d'elle-même, un sens moral qui s'était comme redressé en elle après chacune de ses déchéances, tous les dons de délicatesse, d'élection et de malheur s'unissaient pour la torturer. »

Sentir, penser, ne pas vouloir, voilà les trois misères au milieu desquelles se débattent les pauvres hystériques.

Un auteur, bien connu des lecteurs de la *Revue* [2], dépeint ainsi les symptômes de l'hystérie : « Elle était prise d'accès de tristesse auxquels succédaient de violentes crises de larmes ou des éclats de rire immodérés ; souvent, un tremblement la secouait du haut en bas ; alors elle devenait toute pâle et sa poitrine s'oppressait. Son caractère subissait peu à peu de profonds changements. On dut renoncer à la conduire dans le monde, tant ses allures trop libres effrayaient. »

Mais de toutes les hystériques dont les romanciers ont raconté l'histoire, la plus vivante, la plus vraie, la plus passionnée, c'est Mme Bovary. — Élevée au couvent, au milieu de jeunes filles plus riches qu'elle, elle épouse un humble médecin de campagne, un pauvre garçon imbécile, dont la rusticité et la pauvreté l'écœurent. En quelques lignes M. Flaubert caractérise l'hystérie, et dans sa description précise et séduisante on ne sait trop s'il faut admirer plus le talent de l'artiste ou la science de l'observateur. « Emma devenait difficile, capricieuse ; elle se commandait des plats pour elle, et n'y touchait point ; un jour, ne buvait que du lait pur, et, le lendemain, des tasses de café à la douzaine. Souvent elle s'obstinait à ne pas sortir, puis elle suffoquait, ouvrait les fenêtres, s'habillait en robe légère… Elle ne cachait plus son mépris pour rien ni pour personne, et elle se mettait quelquefois à exprimer des opinions singulières, blâmant ce qu'on approuvait, et approuvant des choses perverses ou immorales. Est-ce que cette misère durerait toujours ? Est-ce qu'elle n'en sortirait pas ? Elle valait bien cependant toutes celles qui vivaient heureuses, et elle exécrait l'injustice de Dieu. Elle s'appuyait la tête aux murs pour pleurer ; elle enviait les existences tumultueuses, les nuits masquées, les insolents plaisirs avec tous les éperdûments qu'elle ne connaissait pas et qu'ils devaient donner… Elle pâlissait et avait des battements de cœur… En de certains jours elle bavardait avec une abondance fébrile ; à ces exaltations succédaient tout à coup des torpeurs où elle restait sans parler, sans bouger… Elle s'acheta un prie-Dieu gothique et elle dépensa en un mois pour quatorze francs de citrons à se nettoyer les ongles : elle choisit chez Lheureux la plus belle de ses écharpes ; elle se la nouait à la taille par-dessus sa robe de chambre, et, les volets fermés, avec un livre à la main, elle restait étendue sur un canapé dans cet accoutrement. Elle voulut apprendre l'italien, elle acheta des dictionnaires, une grammaire, une provision de papier blanc. Elle essaya des lectures sérieuses, de l'histoire, de la philosophie… Elle avait des accès où on l'eût poussée facilement à des extravagances. Elle soutint un jour contre son mari qu'elle boirait bien un demi-verre d'eau-de-vie, et comme Charles eut la bêtise de l'en défier, elle avala l'eau-de-vie jusqu'au bout. »

Section II

Il semble que nous voilà bien loin des démoniaques : il n'en est rien cependant. Entre l'hystérie légère, telle que celle de Mme Bovary, et l'hystérie grave telle que celle des malades de la Salpêtrière, on observe toutes les transitions. Dans la forme grave, tous les symptômes de la forme légère existent aussi, mais plus durables et plus profonds. Nous n'avons pas à y revenir. Quant aux autres symptômes spéciaux à l'hystérie grave, et qui servent à la caractériser, ce sont les anesthésies, totales ou partielles, les attaques convulsives et le délire.

Le mot *anesthésie* signifie absence de sensibilité. Mais pour comprendre la valeur de ce symptôme, il importe de donner d'abord quelques notions sommaires relatives à la sensibilité et au toucher. La peau de l'homme, comme celle de tous les animaux, est pourvue de nerfs innombrables qui sont sensibles à la plus légère excitation, de sorte que, si l'on effleure même très superficiellement un point quelconque de la peau, l'ébranlement communiqué aux nerfs sensitifs de cet organe se propage jusqu'au cerveau, et y provoque une sensation et une perception. On a distingué plusieurs modes de sensibilité à la peau. Ainsi nous percevons le contact des objets : c'est la sensibilité tactile. Mais le toucher réduit à cette seule notion serait bien insuffisant, et nous pouvons sentir, en même temps que le contact, la température et la consistance des corps étrangers. Il y a encore la sensibilité propre aux muscles ; c'est ce qu'on a appelé le sens musculaire. Lorsque nous faisons un mouvement, par exemple celui de fermer le poing, non-seulement nous avons la notion de l'effort qui nous fait remuer les doigts et fermer le poing, mais encore nous savons que ce mouvement est exécuté. En un mot, tout se passe comme si nos muscles étaient sensibles, de sorte que chacune de leurs contractions va provoquer une sensation dans la conscience. Il faut aussi séparer du tact et du sens musculaire la sensibilité à la douleur. Lorsque la peau est brûlée, ou coupée, ou déchirée, l'ébranlement violent des nerfs fait naître une sensation particulière, que chacun malheureusement peut apprécier plus ou moins par sa propre expérience, et qu'on appelle sensation douloureuse, ou douleur. Le mot est trop clair et la chose trop commune pour qu'il soit besoin d'en donner une autre définition que le mot même.

Or ces diverses sensibilités au contact, à la chaleur, à la douleur, à la contraction musculaire, peuvent être isolément détruites. Il y a donc des anesthésies tactiles, thermiques, douloureuses et musculaires. Cependant, le plus souvent, ces sensibilités diverses sont lésées ensemble, et, chez les hystériques, on observe en général des anesthésies qui portent sur tous les modes de la sensibilité.

Rien n'est plus curieux que d'observer les malades qui sont complètement anesthésiques. On peut les piquer, les pincer, les brûler, sans qu'elles éprouvent la plus légère douleur. Elles ne sentent même pas le contact des objets qui les blessent. On peut ainsi, — ce qui excite toujours la stupéfaction des personnes étrangères à l'art médical, — bander les yeux d'une hystérique, puis traverser de part en part la peau du bras, par exemple, avec une fine aiguille, sans que la moindre sensation avertisse la malade de cette blessure.

Quelquefois l'anesthésie est générale, également marquée à droite et à gauche : quelquefois elle est limitée à une petite région du corps, au front par exemple, ou à la poitrine, ou à l'avant-bras. Ces anesthésies partielles s'observent même chez des malades qui sont très peu hystériques. Si, avec une épingle, on cherche, en piquant légèrement la peau, à apprécier la sensibilité de ses diverses régions, on trouve très souvent une petite zone de peau qui est insensible. Les inquisiteurs du XVIᵉ siècle ne procédaient pas autrement pour rechercher la griffe du diable. Faut-il dire qu'ils n'observaient pas les mêmes ménagements que les médecins ? Au lieu d'effleurer la peau avec une épingle, ils faisaient planter par le bourreau de grandes tiges de fer dans toutes les parties du corps. Si la patiente ne tressaillait pas de douleur à chacune des implantations, aussitôt on s'écriait que le diable avait mis sa griffe sur elle. Ce stigmate de Satan était un des plus sûrs témoignages de sorcellerie. D'après les renseignements très précis des exorcistes, la marque diabolique avait la forme d'une patte de lièvre. Malheur à la pauvre femme qui ne gémissait pas à chaque fois qu'on enfonçait l'aiguille dans son corps ! elle était aussitôt déclarée sorcière, et cette déclaration entraînait la peine qu'on sait.

Souvent les anesthésies des hystériques ne portent que sur un côté du corps : c'est ce qu'on appelle l'*hémianesthésie*. L'abolition de la sensibilité est si exactement limitée à un seul côté qu'il suffit d'aller de deux ou trois millimètres à droite ou à gauche de la ligne médiane du corps pour constater soit la sensibilité, soit l'anesthésie.

Quoiqu'on ait fait de nombreuses recherches à l'effet de connaître la cause de cette perturbation du système nerveux sensitif, on n'est pas encore arrivé à une solution satisfaisante. Il semble même aujourd'hui prouvé qu'il n'y a jamais dans l'hystérie de lésion matérielle organique. Ainsi les nerfs du côté malade ont la même apparence que les nerfs du côté sain : la moelle et l'encéphale sont sans tumeur, sans hémorragie. L'anesthésie des hystériques n'est donc pas une de ces maladies où les désordres de l'organe dans sa structure expliquent comment sa fonction est pervertie. La fonction des nerfs sensitifs et de l'appareil sensible récepteur (moelle et cerveau) est abolie, mais aucune lésion apparente ne vient donner la raison de cette abolition de la sensibilité nerveuse. Ce qui semble faire croire qu'on aurait tort de chercher une lésion organique là où il n'y a que perversion dynamique, c'est que les hémianesthésies, après avoir duré très longtemps, quatre ou cinq ans par exemple, tout d'un coup, brusquement, sans cause appréciable, sans motif plausible, disparaissent et ne laissent pas de traces. Les hystériques, disions-nous plus haut, ont un caractère mobile et changeant : leurs maladies sont de même capricieuses et fantasques à ce point qu'elles surviennent sans cause connue et qu'elles s'en vont de même. Il suffit d'une émotion insignifiante, presque inaperçue, pour dissiper des paralysies qui datent de plusieurs années. J'ai été témoin d'un cas de ce genre. Une malade hystérique était paralysée depuis quatre ans, de telle manière qu'elle ne pouvait, depuis quatre ans, ni parler, ni manger, ni boire ; on était forcé de la nourrir en introduisant les aliments dans sa bouche. Un soir, tout d'un coup, elle se mit à parler, déclarant qu'elle pouvait manger toute seule. Et en effet sa guérison fut soudaine et inexplicable. Ce sont des faits analogues, qui, lorsqu'ils ont lieu dans certaines grottes des Pyrénées, passent pour surnaturels et divins. À Paris, on en juge autrement, et on y voit seulement les effets irréguliers d'une maladie incomplètement connue, dont la science n'a pas encore pu approfondir la nature bizarre et complexe.

Certains phénomènes bien étranges ont été observés chez les hystériques. Ainsi il paraît prouvé qu'elles peuvent rester très longtemps sans prendre d'aliments et sans boire ; en même temps les sécrétions tarissent, de sorte que, dans certaines conditions encore mal déterminées, il y a une cessation presque complète des phénomènes chimiques de la vie, phénomènes qui, chez tous les autres individus, ne peuvent cesser qu'au moment de la mort. « La nature, dit M. Charcot, semble avoir des ménagements pour les hystériques. » Le phénomène le plus surprenant, c'est que, malgré la violence des accès, malgré l'insuffisance et la pénurie de l'alimentation, les malades conservent leur embonpoint et la même apparence de santé. Quoique inexpliqués, ces faits ne sont certainement pas surnaturels. Il faut donc se garder, comme on a essayé de le faire pour Louise Lateau, de voir dans cette abstinence prolongée je ne sais quelle miraculeuse protection divine. Il faut aussi se prémunir contre les simulations nombreuses, habilement tentées par bien des malades. Leur intention est de tromper le médecin. Pourquoi ? on serait bien embarrassé de le dire, si on ne savait pas qu'elles mentent pour mentir, pour avoir le plaisir de répandre une erreur, même quand cette erreur ne leur est à aucun profit. Déjà, aux siècles passés, quelques hystériques ont eu cette étrange fantaisie de faire croire qu'elles vivent sans prendre de nourriture. Wier, un des très rares défenseurs du bon sens contre l'universelle sottise, raconte comment, en 1574, il déjoua les ruses d'une petite mendiante, probablement hystérique, nommée Barbara, qui se faisait passer pour un prodige et prétendait ne manger ni boire. Wier prend la petite mendiante chez lui, l'observe soigneusement de concert avec sa femme et sa servante, et fait si bien qu'il déjoue les ruses imaginées par la petite effrontée. Enfin, elle est forcée, non pas d'avouer son subterfuge, mais de déclarer que Wier l'a guérie de sa maladie.

Wier n'est pas le seul qui ait, même au XVIe siècle, protesté contre l'abus de la croyance au surnaturel. Il est certain que quelques médecins instruits ne se laissaient pas aveugler par les préjugés régnants, et rapportaient les accidents nerveux et convulsifs à leur vraie cause, c'est-à-dire à l'hystérie et non au diable. L'hystérie était appelée alors *suffocation de matrice* ; mais il y aurait eu témérité à nier l'action des démons ; de là les réticences, les précautions oratoires qu'il fallait mettre en usage pour dissimuler la hardiesse de la doctrine. « J'ai vu, dit Houlier, deux filles d'un président en l'un de nos parlements de France, sujettes à se prendre de rire de telle sorte qu'impossible était les faire arrêter, ni par effroi, ni par menace et paroles âpres. » « Es suffocations de matrice, dit un savant du XVIe siècle, plusieurs accidents surviennent qui font penser aux médecins peu expérimentés qu'il y a de l'enchantement ou autre chose extraordinaire et surnaturelle. » Ils avaient vu aussi que, souvent, dans l'hystérie, il y a des accidents de catalepsie, des mortes ensevelies vives au tombeau, mais ils s'étaient bien gardés de prendre ces symptômes pour des méchancetés du démon.

Jusqu'à ces derniers temps, les efforts faits par les médecins pour guérir l'anesthésie hystérique étaient restés sans résultat. Une découverte imprévue, révélant toute une série de faits vrais et invraisemblables, est venue apporter à la thérapeutique de l'hystérie d'heureuses modifications. Quoique vulgarisée depuis peu de temps, la découverte de la *métallothérapie* n'est pas tout à fait récente. Il y a près de vingt-cinq ans, M. Burq avait affirmé que l'application sur la peau de certains métaux, or, argent, cuivre, zinc, guérissait les névralgies, les migraines, les paralysies. Cependant personne ne songea à vérifier scientifiquement cette étrange allégation. On ne parla plus du docteur Burq. Lui cependant continua à soutenir que le traitement des maladies nerveuses par les métaux faisait obtenir des cures merveilleuses. Il est probable qu'il aurait ainsi prêché dans le désert jusqu'à la fin de ses jours, si M. Charcot n'avait songé à refaire ses expériences. Or il se trouva qu'elles étaient exactes, au moins en partie. Si l'application de métaux ne donne que des résultats médiocres dans beaucoup de maladies nerveuses, il n'en est pas moins vrai que chez les hystériques, et en particulier celles qui sont anesthésiques, ce mode de traitement modifie singulièrement les symptômes de la maladie. Il suffit d'appliquer sur la région insensible des pièces d'or, ou d'argent, ou un autre métal, pour que, quelques heures après, la sensibilité soit complètement revenue ; certaines malades guérissent avec l'or, d'autres avec l'argent, d'autres avec le zinc ou le cuivre : aussi le procédé thérapeutique qui consiste à appliquer sur la peau des pièces de métal a-t-il reçu le nom de métallothérapie.

Quelque étranges que puissent paraître ces faits, ils ont été maintenant trop de fois vérifiés, tant en France qu'à l'étranger, pour qu'on puisse les révoquer en doute. Du reste, des recherches ultérieures ont révélé de quelle manière agissent les métaux lorsqu'ils sont appliqués sur la peau. Il se développe, par suite du contact entre le métal et la peau humide, imbibée de sels, de très faibles courants électriques. Ces courants, trop peu intenses pour être sentis, sont assez puissants cependant pour modifier l'état des nerfs sensibles, de sorte qu'ils font disparaître l'anesthésie, et rétablissent la sensibilité. L'expérience a été faite directement, et a rendu très probable cette hypothèse, que la métallothérapie n'agit qu'en donnant naissance à de très faibles courants électriques, courants qui excitent les nerfs sensibles paralysés et font renaître la sensibilité.

Les aimants peuvent être assimilés à des courants électriques faibles. Or l'action de l'aimant sur la peau insensible paraît être à peu près la même que celle des métaux. Les phénomènes sont extrêmement nets ; mais au lieu de guérir l'anesthésie, les aimants la modifient en ce sens que l'anesthésie d'un côté disparaît pour passer de l'autre côté : c'est ce qu'on a appelé le *transfert*. Si, par exemple, à une malade insensible du côté droit on applique un aimant, au bout d'une demi-heure, par exemple, le côté droit sera devenu sensible, tandis que le côté gauche aura perdu sa sensibilité. Il semble que sous l'influence des forces électriques développées par l'aimant, la maladie, ne pouvant disparaître, se déplace, et que l'insensibilité du côté maladie, devenu sain, ait été gagner le côté primitivement sain. Cette mobilité dans les phénomènes n'exclut-elle pas toute hypothèse d'une lésion matérielle profonde des centres nerveux ?

Tous ces faits de métallothérapie et de magnétothérapie ont un grand intérêt en physiologie comme en clinique ; mais l'exposé en est fort aride ; et je crains que ce court aperçu ne paraisse encore trop long. D'ailleurs, j'ai hâte d'arriver à la description des symptômes qu'on pourrait appeler démoniaques, et qui constituent la grande attaque d'hystéro-épilepsie.

Il n'est peut-être pas de spectacle plus effrayant que celui de ces accès démoniaques. Le corps est agité de tremblements et de secousses violentes. Tous les muscles sont contractés, tendus au point qu'on les croit toujours sur le point de se rompre. Des bonds prodigieux, des cris et des hurlements épouvantables, des vociférations confuses, des contorsions inouïes qu'on n'aurait jamais supposé une créature humaine capable de faire, tel est le hideux tableau que présente une hystérique lorsqu'elle est en proie à une attaque. On s'étonne moins, lorsqu'on a assisté à des scènes de cette nature, que la naïve crédulité des hommes du moyen âge y ait vu l'intervention des esprits malins et ait supposé que les démons seuls peuvent provoquer un si furieux déchaînement de toutes les forces du corps humain.

Cependant, à mesure qu'on étudie de plus près les attaques d'hystérie épileptique, on s'aperçoit que, malgré ce désordre violent, la maladie présente des périodes régulières, bien distinctes. Rien n'est livré au hasard. Chaque symptôme, quelque désordonné qu'il paraisse, se manifeste à son heure avec une régularité, je dirais presque une ponctualité surprenante. M. Charcot et ses élèves [3] ont montré qu'il y avait à l'accès démoniaque trois périodes bien caractérisées.

La première période est analogue à l'attaque d'épilepsie proprement dite. Brusquement il y a perte de connaissance. La malade tombe par terre. Ses muscles se contractent, se raidissent ; la face bleuit ; le cou se gonfle ; les traits de la figure font une grimace horrible ; les bras se fléchissent ; les poings se ferment ; quelques instants après tous les muscles sont animés de tremblements convulsifs qui vont en augmentant d'abord, puis en s'affaiblissant de plus en plus. Enfin les muscles, épuisés par cet effort violent et prolongé, se relâchent : un sommeil complet, stupide, profond, succède à l'accès tétanique.

Cependant ce sommeil dure très peu de temps, et quelques minutes à peine après le début de l'attaque apparaît la seconde période, celle que M. Charcot a appelée période de *clownisme*, car elle rappelle les attitudes bizarres et les dislocations invraisemblables dont les clowns nous donnent le charmant spectacle dans les cirques. A ce moment de leur accès démoniaque, les malades exécutent des bonds prodigieux. Le corps se courbe en arc de cercle, de sorte qu'il ne repose plus sur le lit que par la tête et les pieds. La figure est grimaçante, quelquefois terrible, et les traits tirés en tous sens donnent une expression hideuse à la physionomie ; quelquefois tout le corps se soulève tout d'un coup, brusquement, puis retombe pesamment sur le lit. « La malade entre en furie contre elle-même, dit M. P. Richer en décrivant une de ces attaques ; elle cherche à se déchirer la figure, à s'arracher les cheveux, elle pousse des cris lamentables, et se frappe si violemment la poitrine avec son poing qu'on est obligé d'interposer un coussin ; elle s'en prend aux personnes qui l'entourent, cherche à les mordre, et, si elle ne peut les atteindre, déchire tout ce qui est à sa portée, ses draps, ses vêtements, puis elle se met à pousser des hurlements de bête fauve, frappe son lit de la tête en même temps que des poings, répétant ce mouvement jusqu'à satiété ; elle se redresse, jette les bras de tous côtés, fléchit les jambes pour les étendre brusquement, secoue la tête en la balançant d'avant en arrière et en poussant de petits cris rauques, ou bien, assise, elle tourne alternativement le corps d'un côté à l'autre en agitant les bras. »

Ce qui n'est pas moins surprenant que cette violence de l'attaque, c'est la facilité avec laquelle on peut l'arrêter. Tout ce débordement effréné cesse subitement si on comprime l'abdomen. Il semble que le point de départ de l'accès démoniaque soit dans l'ovaire, car en appuyant fortement la main sur l'abdomen précisément au point qui répond à l'ovaire, aussitôt la fureur cesse, la conscience revient. La pauvre démoniaque, revenue à elle, jette un regard étonné sur ceux qui l'entourent, ne comprenant pas tout d'abord pourquoi on s'est ainsi réuni près de son lit ; car, lorsque son accès a commencé, elle était seule, et de tout ce qui s'est passé depuis, elle n'a conservé aucune connaissance. Pendant tout le temps que l'ovaire est comprimé, la malade a toute sa conscience ; elle peut remettre en ordre ses vêtements que les contorsions ont dérangés, causer, rire, s'amuser tranquillement avec ses voisines ; mais si l'on vient à relâcher quelque peu la compression de l'ovaire, aussitôt l'accès reprend avec tout autant de force qu'auparavant. En comprimant de nouveau l'ovaire, l'accès cesse encore. Si une phrase avait été commencée, puis interrompue par l'attaque, la phrase est reprise à l'endroit même où elle avait été interrompue. Pendant l'attaque, il y a eu une *absence* complète : la vie intellectuelle avait absolument disparu, et elle recommence dès que l'accès a pris fin, comme si rien ne s'était passé. Pour prendre une comparaison grossière, mais intelligible, il semble que la compression de l'ovaire soit à l'attaque d'hystérie comme un robinet est à l'écoulement d'un tuyau rempli d'eau. Si on tourne le robinet, l'écoulement cesse pour reprendre dès qu'on a de nouveau remis le robinet dans la position primitive. De même, en comprimant l'ovaire, on fait cesser l'attaque hystérique, qui recommence dès qu'an ne comprime plus. A la Salpêtrière, les malades connaissent si bien ces phénomènes que dès qu'une d'entre elles est prise d'une attaque, les autres se mettent aussitôt à son lit, et compriment l'ovaire, fût-ce pendant plusieurs heures, pour faire cesser l'accès démoniaque.

Si nous appelons indifféremment ces attaques accès démoniaques ou accès d'hystéro-épilepsie, c'est que pendant longtemps on a cru que les démons étaient les agents réels, vivants, qui provoquaient ces phénomènes morbides effrayants. Les symptômes sont tout à fait les mêmes, et il suffit de lire la description de l'attaque démoniaque d'autrefois pour reconnaître qu'elle est absolument identique à l'accès hystéro-épileptique d'aujourd'hui. Voici ce que raconte à ce propos Esprit de Bosroger, père capucin, qui était chargé d'exorciser les religieuses de Louviers [4]. « Le jour de la Pentecôte (1644), le même *Dagon* (c'était le nom du démon qui possédait la sœur Marie du Saint-Esprit) fut quatre bonnes heures dans la plus grande rébellion qu'on puisse imaginer pour empêcher la fille de communier, et, pendant tout ce temps-là, il fit souffrir à la fille d'étranges contorsions, la jeta par terre plusieurs fois, lui fit faire cent bonds, cent courses autour de l'église, la fit pousser, choquer et renverser le monde… Ô bon Dieu ! quels étonnants mouvements ! quelles étranges contorsions ! quels furieux roulements, tantôt en boule, tantôt en d'épouvantables figures ! Quelles fréquentes et rudes convulsions en de si délicates créatures, et avec tant de réitération et de renforcement ! L'on m'aura beaucoup persuadé, je vous assure, quand je croirai que les hommes sensés et judicieux feront passer toutes ces convulsions pour maladie, et tous ces étranges mouvements et roulements pour gentillesse de bateleurs. Mais ce qui démonstrativement convainc tout esprit humain, et qui est entièrement sans, réplique, et ce que hautement ont avoué tous les fameux médecins, est ceci : qu'il est du tout impossible que des convulsions, et de si terribles, arrivent naturellement par maladie, durent si longtemps, reprennent si fréquemment, et qu'elles soient sans lassitude après qu'elles sont passées, et enfin qu'elles ne détruisent pas le sujet. »

N'en déplaise au brave capucin, ces accès de démonomanie sont une maladie véritable. On peut en classer les symptômes, les phases, le début, le milieu et la fin, et on peut affirmer que les a étranges roulements » de la sœur Marie de Louviers appartiennent à la seconde période de l'accès hystéro-épileplique.

A la troisième période, on n'observe plus ces attitudes bizarres, acrobatiques, qui ont caractérisé la phase précédente. Les membres ne sont plus projetés dans tous les sens par l'excitation démesurée de la moelle épinière. La vie cérébrale qui, depuis le début de l'attaque, avait été complètement abolie, est revenue, et la conscience a reparu, au moins en partie. C'est le moment où se dressent des hallucinations de toute sorte, tantôt gaies, tantôt tristes, tantôt amoureuses, tantôt religieuses ou extatiques. Chaque fois qu'une image a surgi dans l'esprit, aussitôt les mouvements des membres, les traits de la physionomie, l'attitude générale du corps, tout se conforme à la nature de cette hallucination. Ces poses, ces *attitudes passionnelles*, ont une vivacité, une vigueur d'expression qu'on ne saurait retrouver ailleurs. Le plus habile acteur ne sera jamais en état de représenter l'effroi, la menace, la colère, avec autant de véracité et de puissance que ces pauvres filles hystériques, qui se démènent agitées par un furieux et mobile délire. Celle-là se croise les bras et lève les yeux au ciel dans une attitude de religieuse admiration, comme si elle voyait les nuages s'entr'ouvrir pour lui montrer des saints ou des dieux. Cette autre parle à sa petite fille dont elle est éloignée depuis longtemps et à qui elle adresse les plus tendres paroles. Celle-ci voit des animaux immondes, des lézards au bec rouge, des yeux tout sanglants, des chauves-souris énormes, et ses traits expriment une indicible horreur. En général, on observe toujours deux variétés de délire répondant à deux formes d'hallucination. Il y a la forme gaie et la forme triste. Le plus souvent elles se mélangent et passent avec une extrême rapidité de l'une à l'autre. « M..., dit M. Paul Richer, est avec « Ernest [5] » en partie de plaisir dans un restaurant des environs de Paris, où les tables sont dressées sous des treillages garnis de fleurs et de plantes grimpantes. A droite est une négresse entourée d'hommes noirs aux bras robustes, tatoués, complètement nus, qui saisissent la malheureuse négresse par les cheveux et veulent la scalper. Le sang coule à flots sur le visage de l'infortunée, qui pousse des cris lamentables, et appelle au secours. A gauche, au contraire, le spectacle est bien différent, il y a une société nombreuse. Ernest a une foule d'amis qu'accompagnent d'autres jeunes filles. Tous les personnages n'ont pour vêtement qu'une large ceinture rouge, à l'exception d'Ernest, qui porte un costume espagnol. On s'attable, on mange des huîtres, on boit du vin blanc, on chante, on rit beaucoup, »

En général chaque démoniaque a une forme de délire qui lui est propre, de sorte que les divers accès se ressemblent toujours chez la même hystérique. Ce sont les mêmes personnages qui apparaissent, les mêmes scènes qui se reproduisent à toutes les attaques. L'ordre dans lequel les hallucinations ont lieu n'est pas modifié, et pour peu qu'on ait déjà assisté à quelques accès subis par la même malade, on peut prévoir la fin de son attaque par la nature de ces hallucinations. Chez l'une, c'est la fanfare d'une musique militaire ; chez une autre, c'est le bruit du chemin de fer ; chez une autre encore, c'est l'apparition d'animaux immondes, de vipères, de corbeaux, de crapauds, de rats. La régularité de ces délires frénétiques est bien faite pour surprendre. A entendre les vociférations, les hurlements des démoniaques, à voir leurs contorsions furieuses, il semble que le hasard seul dirige cet effroyable drame. En réalité tout est prévu, réglé, déterminé ; tout ce désordre marche avec la précision mathématique d'une horloge bien remontée.

Quelque fantastique que paraisse le délire des hystériques pendant leur accès, ce délire a toujours une cause, une raison d'être. Les hallucinations d'une démoniaque ressemblent à des épisodes réels de sa vie, en particulier à l'épisode qui a eu le plus d'influence sur la production de sa maladie. Il est certain, comme nous le disions plus haut, que la principale cause de l'hystérie, c'est la prédisposition héréditaire ; mais encore faut-il un accident, un fait extérieur qui provoque une première crise nerveuse, un événement, grave ou léger, qui détermine l'éclosion de la maladie qui couvait depuis longtemps. Souvent cet événement est une frayeur, une émotion violente, un chagrin, une désillusion. C'est alors que, dans les accès de délire, reparaissent sous la forme d'hallucinations les choses et les personnes qui ont provoqué cette émotion, cette frayeur, ce chagrin. Cette influence du passé établit une différence notable entre le délire des fous et celui des hystériques. En général, chez un fou, les visions n'ont pas de rapport immédiat avec les événements antérieurs, quels qu'ils soient, tandis que, chez une hystérique, presque toujours la forme du délire est déterminée par un incident qui a joué autrefois un rôle important dans la vie de la malade. Quant aux crapauds, aux rats et aux autres bêtes immondes, c'est un genre d'hallucinations qui se retrouve dans tous les délires. Pour peu que la fièvre dérange les fonctions cérébrales, immédiatement apparaissent des serpents, des rats qui courent dans la chambre, grimpent sur le lit. Il en est de même chez les alcooliques. Ils ont tous des visions d'animaux immondes qui viennent les infecter de leur présence. Il semble que l'intelligence de l'homme, toutes les fois que ses fonctions sont perverties, revienne à l'état de nature et ne puisse trouver comme image de terreur et de dégoût que les animaux malfaisants qui excitaient la terreur et le dégoût des premiers âges de l'humanité.

La période de délire qui marque la fin de l'accès démoniaque est quelquefois assez courte. Mais le plus souvent elle se prolonge pendant plusieurs heures. Il n'est pas rare qu'elle persiste quelques jours encore. Les fonctions cérébrales ont été profondément troublées, et c'est avec une grande lenteur qu'elles reviennent à leur état normal. Ce mot n'est-il pas bien ambitieux pour caractériser l'intelligence des hystériques, telle qu'on l'observe dans l'intervalle des accès ? Assurément l'intelligence n'est pas éteinte ; la mémoire est conservée, cette clé de voûte de l'édifice intellectuel ; mais les autres facultés sont singulièrement perverties. On s'en rend bien compte en étudiant les mœurs et les conversations des démoniaques de la Salpêtrière. La journée se passe à rire sans fin de faits qui n'ont rien de lisible, de la fille de service qui passe, par exemple, du lit qui est mal fait, d'un oiseau qui se perche près de la fenêtre, d'un bonnet qui est mal attaché. Les mêmes causes peuvent aussi bien provoquer les larmes. Ce sont toujours des discours interminables, des récriminations, des indignations noyées dans un flux de paroles. Au milieu de ces phrases, une agitation continuelle, qui n'a pas de but et qui ne s'explique pas. Il faut mettre des fleurs au chevet du lit, un ruban à la coiffure, se parer de chiffons insignifiants ; et cette recherche contraste souvent avec la négligence et le désordre de la tenue : telle hystérique dont le bonnet est orné de rubans sortira les pieds nus dans la cour. Les idées baroques ne font pas défaut, non plus que des antipathies ou des sympathies également absurdes. Les hystériques ne désirent qu'une chose, c'est qu'on s'occupe d'elles, qu'on s'intéresse à leurs petites passions, qu'on prenne part à leurs affections ou à leurs colères, qu'on admire leur intelligence ou leur parure. Elles racontent des histoires invraisemblables, mentent effrontément, et quand on les convainc de mensonge, n'en sont pas froissées le moins du monde. Dépourvues de tout sens moral, elles n'obéissent que parce qu'elles ne peuvent pas faire autrement. Aucun sentiment de pudeur ou de fausse honte ne les arrête : elles racontent leurs aventures au premier venu, pourvu qu'il leur ait plu dès l'abord, et causent avec les hommes comme si elles étaient du même sexe. Rien n'embarrasse ces *Diogènes* femelles : elles ont réponse à tout, posent les questions les plus indiscrètes, disent crûment la vérité à tout un chacun. L'amour-propre ne leur manque pas cependant, et si on semble ne pas s'occuper d'elles, elles s'en indignent. Au reste elles ne gardent jamais longtemps la même opinion, et passent d'un sentiment à un autre avec une rapidité merveilleuse. Nulle idée, nul raisonnement ne peuvent les captiver ou les persuader. Leur esprit voltige de place en place sans pouvoir se poser, et il est aussi difficile de fixer l'attention d'une hystérique sur une idée précise que de déterminer par des raisonnements un oiseau qui sautille à cesser de remuer et à se fixer sur une branche.

Le bon sens fait absolument défaut, de sorte que ces malheureuses créatures, livrées à elles-mêmes, commettent toutes les sottises imaginables. Il faut en être bien persuadé pour pouvoir s'expliquer leur incarcération dans un asile d'aliénés ; car lorsqu'on les interroge, lorsqu'on cause avec elles, on ne trouve pas cette perversion totale de l'intelligence qu'on constate si facilement chez la plupart des aliénées. Il faut les voir à l'œuvre, c'est-à-dire jetées au milieu dû monde extérieur, fécond en excitations de toutes sortes, afin de comprendre à quelles extravagances, pour ne pas dire plus, elles peuvent s'abandonner, dès qu'aucun frein ne les retient. Quelquefois, quoique assez rarement, elles commettent des crimes. Le plus souvent elles forgent toute une série de fables pour tromper la justice. Celle-ci se lacère avec des ciseaux et prétend qu'on lui a fait ces blessures ; cette autre simule la grossesse pour se faire épouser par une personne qu'elle connaît à peine ; cette autre encore a la manie du vol, et chaque fois qu'elle se trouve dans un magasin dérobe tout ce qui est à sa portée, accusant le premier individu venu d'avoir commis ce délit.

D'ailleurs, pour faire bien comprendre la nature des désordres que l'hystérie grave fait dans l'intelligence, nulle description n'aura autant de valeur que la simple relation de la vie d'une hystérique connue depuis longtemps à la Salpêtrière sous le nom de G…, et qui est célèbre par la bizarrerie de son caractère, comme par la violence de ses attaques convulsives. G… est née à Loudun, le 2 janvier 1843 ; elle fut abandonnée par sa mère et déposée à l'hospice de cette ville ; après avoir passé ses premières années à l'hospice de Poitiers, elle est envoyée à la campagne. A l'âge de quatorze ans, elle est courtisée par un jeune homme du nom de Camille. Mais au bout d'un an, son « promis » meurt d'une fièvre cérébrale. Craignant que G… ne fasse quelque scandale, on l'enferme pendant l'enterrement. Elle s'échappe par une fenêtre, court au cimetière et veut se jeter dans la fosse. On l'enferme de nouveau ; mais pendant la nuit elle se rend au cimetière, appelant son amoureux et voulant le déterrer. On accourt, on s'empare d'elle, mais elle est prise d'une crise nerveuse pendant laquelle elle est « comme une morte. » Elle demeure environ vingt-quatre heures dans un état de léthargie complète. On la ramène à l'hospice ; elle y reste deux ans, paraît à peu près guérie, et à dix-sept ans se place comme femme de chambre à Poitiers. Au bout de quelques semaines, elle est reprise d'attaques de nerfs ; elle a l'idée de se faire passer pour enceinte ; on croit qu'elle dit vrai, et on la mène à l'hôpital pour qu'elle accouche. Bientôt on s'aperçoit de l'erreur, mais comme ses attaques sont devenues plus graves, comme son caractère est indomptable et rebelle à toute discipline, on la transfère dans un asile d'aliénés. Soumise à un traitement par la belladone, elle a l'idée de garder pendant dix jours les pilules qu'on lui donne quotidiennement, et de les avaler ensuite toutes les dix. Cet empoisonnement est sur le point d'avoir des suites funestes ; elle en réchappe cependant, mais quelques jours après elle se mutile la poitrine avec des ciseaux, sans pouvoir donner la raison de cette sottise. Bientôt elle s'enfuit de l'hospice et arrive à Paris. Ses attaques nécessitent de nouveau l'entrée à l'hôpital. Elle est transférée à l'asile d'aliénés de Toulouse. Elle parvient à s'en échapper et à rentrer dans Paris. Si l'on en croit son récit, elle serait revenue à pied de Toulouse à Paris, vêtue de l'uniforme de l'asile, en sabots, couchant dans les bois, se déshabillant pour laver sa seule chemise, se nourrissant de pain qu'elle demandait dans les fermes. Elle se décide à mendier, quoiqu'elle soit fort orgueilleuse. Mais, la faim aidant, elle capitule avec son orgueil, se disant que Noire-Seigneur a bien demandé l'aumône et qu'elle peut faire comme lui. Son voyage de Toulouse à Paris dure trois mois. Bientôt la fantaisie lui vient de prendre le chemin de fer du Nord ; elle descend à Saint-Leu, lacère, des affiches apposées dans la gare, si bien qu'on l'arrête. On la ramène à la Salpêtrière, où elle accouche d'une fille (1867). En 1870, elle s'échappe, se fait infirmière à l'hôpital Saint-Antoine ; mais un jour, disputant avec une religieuse, elle se livre à des voies de fait, de sorte qu'on la renvoie. L'armistice signé, elle quitte Paris pour aller voir sa fille qui est en Bourgogne. A Montbard, elle est retenue par les Prussiens : elle reste huit jours dans leur camp. Elle revient à Paris, et rentre de nouveau à la Salpêtrière, d'où elle ne sortira plus qu'à de rares intervalles. Un jour elle veut s'enfuir et grimpe sur le toit dans le costume le plus simple qu'on puisse imaginer. Une autre fois, ayant lu dans les journaux les récits qu'on faisait de la miraculeuse Louise Lateau, elle veut aller en Belgique pour rendre visite à « sa sœur. » Dès qu'elle est sortie de l'hôpital, elle part pour Louvain. En passant au Quesnoy (près de Lille), elle est prise d'une attaque ; elle continue cependant sa route vers Bruxelles. Dans cette ville, elle aurait eu des « aventures » qui l'empêchèrent de rendre visite à sa sœur. Elle finit par rentrer à la Salpêtrière (1877), et elle y est depuis lors, ayant toujours des accès démoniaques, assez docile en général, et, dans une certaine mesure, suffisamment raisonnable, racontant à qui veut l'entendre sa longue et invraisemblable épopée [6].

On lira peut-être avec plus d'intérêt l'histoire de G... si on veut bien être persuadé qu'il y a deux cent cinquante ans, elle aurait été exorcisée, et qu'au XVIe siècle, elle eût été condamnée comme sorcière, et brûlée vive.

Section III

A l'étude de l'accès démoniaque se trouve lié le mystérieux problème du somnambulisme. Il est nécessaire d'entrer dans quelques détails à ce sujet ; car on ne saurait comprendre la vraie nature de certaines épidémies du moyen âge, si on ne connaissait pas les divers symptômes du sommeil dit magnétique. D'ailleurs l'effronterie des charlatans a mêlé tant de sottises aux faits réels, qu'il est difficile aux personnes qui n'ont pas fait de cette maladie une étude spéciale de garder une juste mesure entre la crédulité qui admet tout, même l'absurde, et le scepticisme qui n'admet rien, pas même la vérité.

En 1778 arrivait à Paris un médecin allemand, nommé Antoine Mesmer. On racontait de lui des histoires merveilleuses. Il avait, quelques années auparavant, publié un livre bizarre, presque mystique, où il affirmait l'existence d'un fluide universel répandu dans toute la nature, et pouvant passer dans le corps de l'homme. Néanmoins Mesmer n'était pas encore célèbre, mais Paris, qui était alors, comme aujourd'hui peut-être, le centre et le foyer de l'opinion, allait lui donner rapidement une éclatante renommée. Mesmer s'installe à Paris, place Vendôme, se met à enseigner sa théorie du fluide magnétique, et parvient à recruter quelques élèves, en particulier un médecin nommé d'Eslon, auquel il s'associe. Bientôt des querelles d'intérêt surgissent entre les deux magnétiseurs. D'Eslon est réprimandé par la Faculté, qui l'exclut, comme charlatan, de son sein.

Cependant les clients arrivent en foule. Tout le monde veut se faire magnétiser. Mesmer ne peut plus suffire à cette affluence. Il prend un *valet toucheur* qui magnétise à sa place. C'est trop peu encore. Mesmer alors invente le fameux baquet, grâce auquel trente à quarante personnes peuvent être magnétisées en même temps. On se réunit dans une grande salle obscure ; au milieu de cette salle est une caisse de chêne contenant des bouteilles reliées l'une à l'autre par des barreaux métalliques. Le tout est enfermé dans une autre caisse d'où se dressent des tiges de fer que les malades doivent saisir pour être influencés. Le silence est complet : tout d'un coup on entend des accents mélodieux qui partent de la chambre voisine. Alors, sous l'influence de l'émotion, de l'imitation, une sorte d'excitation nerveuse se communique de proche en proche parmi tous les assistants : des symptômes curieux apparaissent chez les magnétisés. C'est d'abord de la langueur, de la somnolence : un peu plus tard c'est une agitation frénétique ; enfin surviennent des contorsions et des convulsions. Le silence n'est troublé que par les sons étouffés de l'orgue et les gémissements des patients qui tombent pris d'une attaque convulsive. On conçoit combien de telles scènes sont propres à développer des crises nerveuses chez des individus prédisposés. A Paris l'engouement devient général.

Les apologies, les pamphlets, les chansons, les caricatures, pleuvent sur le mesmérisme. C'est dire qu'il est en pleine vogue. La maison de la place Vendôme devenant trop petite, Mesmer achète l'hôtel Bullion, place de la Bourse. Dans l'espace de cinq ans il a magnétisé huit mille personnes (1779-1784). Mais la roche Tarpéienne est près du Capitole ; rapidement le discrédit succède à la vogue, Mesmer est bafoué à l'Opéra, abandonné par ses disciples, qu'il a grugés, insulté dans les rues de Paris, si bien qu'il est forcé de se réfugier en Suisse (1785).

Les sociétés savantes n'étaient pas restées indifférentes au magnétisme. Elles avaient essayé de protester contre l'enthousiasme universel. L'Académie des sciences nomma une commission dont Bailly fut rapporteur, cet infortuné Bailly qui, quelques années plus tard, devait périr sur l'échafaud. Sa conclusion fut que le fluide magnétique n'existe pas, et que les expériences et les observations de Mesmer ne sont fondées sur rien de sérieux. Un des commissaires, le célèbre Laurent de Jussieu, ne crut pas devoir signer ce rapport, et dans un mémoire qui eut un grand retentissement, il admit qu'il y a une part de vérité dans le mesmérisme, et qu'il faut essayer de connaître cette vérité noyée au milieu de jongleries indignes d'un savant.

De fait, ce n'est pas Mesmer qui est le créateur du magnétisme animal. Si le marquis Armand de Puységur n'avait pas repris ses expériences, le magnétisme n'existerait pas, et le souvenir du baquet de Mesmer irait se confondre avec les histoires des convulsionnaires de Saint-Médard. Puységur, à Soissons, guérit quelques malades en les touchant, puis il en guérit d'autres, et d'autres encore. Il fait des élèves, il écrit de nombreux mémoires, il indique, les procédés qu'on doit suivre pour endormir un sujet, il décrit les ; phases du somnambulisme provoqué (1785-1825). De toutes parts, des expérimentateurs, dont la bonne foi, sinon le bon sens, ne saurait être suspecte, répètent les expériences de Puységur : des médecins, des savants s'en occupent et les confirment en partie. Petetin, Deleuze, Dupotet, Husson, Braid, et bien d'autres, dont les noms sont obscurs, développent, commentent les idées de Puységur. De leur œuvre confuse, perdue dans des erreurs absurdes et des sottises difficiles à imaginer, un fait ressort en toute évidence, c'est qu'une névrose d'une nature spéciale peut être provoquée chez des sujets plus ou prédisposés. Aujourd'hui tous les médecins éclairés reconnaissent que le somnambulisme existe avec des symptômes toujours identiques, et qu'il y a lieu de le reconnaître comme une espèce morbide spéciale. Nous pouvons essayer de dire en peu de mots ce qu'il faut croire, en faisant remarquer que nous n'en parlons pas par ouï-dire, mais d'après des faits vus et observés par nous.

Les procédés à l'aide desquels on provoque le somnambulisme sont irréguliers et empiriques. Chez les sujets prédisposés et habitués déjà par des attaques antérieures de somnambulisme à être affectés de cette névrose, il suffit d'un certain ébranlement du système nerveux, quelquefois le plus insignifiant du monde en apparence. En une demi-minute à peine, on peut endormir un sujet qui a déjà été souvent endormi. Mais quand on veut agir sur une personne qui n'a jamais encore été magnétisée, il faut suivre les préceptes des magnétiseurs, quelque ridicules qu'ils soient. On se met en face du sujet, on fait devant son front des passes avec les deux mains, et on le regarde fixement. Très souvent, à la première séance, on n'obtient aucun résultat ; mais l'expérience enseigne qu'il ne faut pas se laisser décourager par une apparence d'insuccès. Au contraire on doit recommencer le jour suivant et le surlendemain. Si, au bout de la troisième séance environ, on n'a pas encore eu de résultat, il faut renoncer à endormir ce sujet rebelle ; mais le cas est rare, et le plus souvent, dès la troisième séance, quelquefois plus tôt, on peut provoquer le sommeil.

Le premier phénomène qu'on observe est une sorte de torpeur. La physionomie perd sa mobilité pour devenir terne et insignifiante. Dans les membres, le patient ressent de la pesanteur et un alourdissement singulier qui l'empêche de faire le moindre mouvement. Cependant il est soumis à des sensations vagues de chaleur, de froid, de fourmillements, et quoique les mains restent immobiles, il y a des soubresauts dans les tendons et des contractions fibrillaires dans les muscles. Les paupières deviennent pesantes et se ferment. En vain, à plusieurs reprises, le patient les ouvre pour les laisser retomber ensuite ; il arrive un moment où il est impuissant à les faire mouvoir. On observe alors un curieux spectacle : celui d'une lutte qui s'engage entre le sommeil et la volonté d'y résister. Enfin il faut céder, la tête retombe alourdie sur le fauteuil ; les mains et les bras sont sans mouvement, gardant l'attitude qu'ils avaient d'abord ; la figure est un masque immobile qui n'exprime aucune sensation intérieure. Les paupières sont fermées et agitées de petits frémissements convulsifs ; la respiration est calme ; le cœur bat lentement et régulièrement, et au premier abord on pourrait croire que ce sommeil provoqué est identique au sommeil ordinaire. Cependant il n'en est rien, car les symptômes de ces deux sommeils sont bien différents.

Ce qui permet d'assimiler, dans une certaine mesure, l'attaque de somnambulisme provoqué avec l'attaque démoniaque, c'est que dans l'une et l'autre il y a de l'insensibilité. On peut, sur des personnes magnétisées, piquer la peau avec une aiguille, chatouiller les narines et les lèvres avec une barbe de plume, sans provoquer la moindre réaction. Par malheur, cette anesthésie, complète chez quelques sujets, fait absolument défaut chez d'autres, de sorte qu'on ne peut pas y voir un symptôme essentiel, caractéristique, qui permet déjuger si le sommeil est feint ou réel. C'est pourquoi les médecins qui se sont servis de ce critérium ont été bien souvent amenés à nier la réalité du somnambulisme ; car, au lieu de trouver, comme ils s'y attendaient, de l'insensibilité, ils voyaient que chaque piqûre provoquait un sentiment douloureux. Dans certains cas même, la sensibilité, au lieu d'être diminuée, est exagérée au point que le plus léger contact excite de la douleur. En somme les différences individuelles défendent d'établir une loi absolue, et il y a tant d'exceptions qu'il n'y a pour ainsi dire pas de règle.

La personne endormie a conscience de son état, et on est assuré qu'elle est réellement endormie, si elle répond affirmativement quand on l'interroge sur ce sujet. Si on lui demande alors quelles sensations elle éprouve, on constate le plus souvent que ce sommeil est un état assez agréable. Plusieurs des malades que j'ai endormies à l'hôpital B… m'assuraient que leurs douleurs avaient disparu. Aussi désiraient-elles rester longtemps dans le sommeil, sachant que le réveil à la vie normale serait en même temps le réveil à la douleur. J'ajoute que, si l'état de somnambulisme n'est pas désagréable, il est aussi sans danger. Je ne sache pas qu'on ait signalé à sa suite des accidents graves ou légers ; il est même possible que, dans certains cas, il apaise le système nerveux surexcité, mais en pareille matière il faut être très réservé, et jusqu'ici on n'a pas encore pu apporter de faits bien démonstratifs.

Analysons maintenant les phénomènes psychologiques du somnambulisme. Tout le monde sait ce qu'est le rêve. Quand, fatigués des travaux de la journée, nous nous laissons envahir par le sommeil, nos pensées deviennent confuses et flottantes ; l'attention ne peut plus se fixer sur un objet déterminé ; peu à peu nous perdons la conscience du monde extérieur, et des formes bizarres, dont la réalité est dans notre conception seule, viennent s'imposer à nous. Elles passent et repassent avec une facilité merveilleuse, changeant à chaque seconde, et nous étonnant par un appareil mobile et fantasque. Ce sont des figures humaines avec des formes de bêtes, des monstres étranges, des jardins, des palais, des personnages disparus depuis longtemps, et que nous pourrions croire effacés de notre souvenir. Tout cela s'agite, se meut devant nous, et l'esprit assiste en spectateur impuissant aux tableaux que lui-même a formés de toutes pièces. L'imagination se donne librement carrière, car elle ne vient pas se heurter, comme dans l'état de veille, contre les objets extérieurs, lesquels viennent à chaque instant provoquer des sensations précises et nous rappeler à la réalité. Or ce qui différencie le somnambulisme et le sommeil ordinaire, c'est que le rêve, spontané dans le sommeil, peut, dans le somnambulisme, être provoqué. Ainsi, par exemple, voici un homme endormi tranquillement dans son lit. Il sera bien difficile de faire en sorte qu'il rêve d'un lion. Si on lui dit tout haut : Voici un lion ! de deux choses l'une : ou il se réveillera, ou il n'entendra pas. Mais de toute manière, il ne rêvera pas qu'il voit un lion. Au contraire, à un de mes amis que je pouvais mettre en état de somnambulisme, je disais : « Voici un lion. » Aussitôt il s'agitait ; sa figure exprimait l'effroi. « Mais il vient, s'écriait-il, il s'approche ; sauvons-nous vite, vite, » et il avait presque une crise nerveuse sous l'influence de cette terreur. On sait que les magnétiseurs de profession ont la prétention de faire voyager leurs sujets à travers l'espace, et de les faire assister à des scènes lointaines. Le fait est parfaitement exact. Mais ce qui cesse d'être vrai, ce qui est absolument faux, c'est que ces rêves soient des réalités, et que ces visions soient en rapport avec la vérité des choses. Ce sont de pures imaginations, qui ne sont ni plus ni moins fantaisistes que toutes les conceptions vagues forgées par chaque individu pendant son sommeil. Pour prendre un exemple, je puis raconter l'histoire d'une des malades somnambules de l'hôpital B… Je lui disais : « Venez avec moi, nous allons sortir et voyager. » Alors, successivement, elle décrivait les endroits par où il fallait passer ; les corridors de l'hôpital, les rues qu'on doit traverser pour aller à la gare ; puis elle arrivait à la gare, et comme elle connaissait tous ces endroits, elle indiquait avec assez d'exactitude les détails des lieux que son imagination et sa mémoire, également surexcitées, lui représentaient sous une forme réelle. Brusquement on pouvait la transporter dans un site éloigné qu'elle ne connaissait pas, le lac de Côme, par exemple, ou les régions glacées du pôle Nord. Son imagination livrée à elle-même s'abandonnait alors à des descriptions qui ne manquaient pas de charme et qui intéressaient toujours par leur apparente précision. Mais quelle grossière erreur que de faire à ces chimériques conceptions l'honneur d'être des vérités ! Un jour, ayant endormi un de mes amis, j'eus l'idée de le faire voyager en ballon jusqu'à la lune. J'éprouvai une réelle surprise lorsqu'il me dit en riant : « Oh ! oh ! quelle est cette grosse boule blanche qui est au-dessous de nous ? » C'était la terre que son imagination lui représentait. Il voyait des bêtes fantastiques, et comme je lui disais qu'il fallait les ramener sur la terre, il se fâchait : « Comment ! disait-il, tu ne sais seulement pas de quelle manière nous descendrons, et tu veux te charger de ces gros animaux-là ? Je te reconnais bien là. Pour moi, je te laisserai faire, et je ne m'en embarrasserai certainement pas. » Il se rendait compte néanmoins de l'étrangeté de ses visions. « Quel beau récit à faire ! disait-il, mais par malheur, on ne nous croira pas ! »

La raison des somnambules est peut-être pervertie ; à coup sûr l'intelligence n'est pas diminuée. Elle est surexcitée et très vive. Les conversations qu'on tient avec un sujet endormi sont variées et attachantes. Le langage des femmes du peuple, par exemple, est devenu presque élégant ; les tournures de phrase sont ingénieuses ; les idées ne manquent pas d'élévation. Sans prétendre le moins du monde qu'elles devinent la pensée des interlocuteurs, on peut remarquer qu'elles ont acquis une certaine finesse qui leur permet de comprendre à demi-mot. Mais ce qu'il y a chez elles de plus frappant, c'est la vivacité étrange de leurs sensations. Ainsi rien n'est plus facile que de les faire pleurer ; il suffit de leur parler d'un sujet triste. Alors même que l'histoire racontée ne devrait les intéresser que médiocrement, elles se mettent à gémir, puis à verser d'abondantes larmes et à sangloter. Il n'est même pas rare de voir survenir une excitation nerveuse qu'il faut calmer le plus vite possible en leur faisant imaginer des tableaux agréables. Cette sensibilité pour les malheurs d'autrui, ces attendrissements exagérés peuvent être comparés à ce qu'éprouvent les individus qui commencent à s'enivrer. Parfois aussi les sentiments joyeux et admiratifs sont poussés à l'excès : la poésie, la musique surtout, produisent une véritable extase, et l'on ne peut oublier ce spectacle dès qu'on a une fois assisté à la mimique merveilleuse qu'elles déploient. Très souvent ces mouvements d'admiration sont traversés par des colères enfantines, des antipathies inexpliquées, et des sympathies plus bizarres encore ; parfois elles raillent, et non sans esprit ; elles rient beaucoup des plaisanteries qu'elles font, et leurs rires comme leurs larmes se terminent par une étrange surexcitation.

Un des phénomènes les plus intéressants du somnambulisme a été étudié il y a une trentaine d'années par un Anglais nommé Braid. Si on place les membres dans une certaine position, si on donne au corps une certaine attitude, cette position, cette attitude, font naître des sentiments qui s'y conforment. Ainsi, que l'on fasse étendre le poing à un somnambule, aussitôt ses traits prendront l'expression de la colère, et de la menace. Qu'on lui joigne les mains dans l'attitude de la prière, il se mettra à genoux, et toute sa physionomie indiquera la supplication. Ses traits prennent alors l'expression vraie des passions de l'âme. Nul peintre, nul sculpteur n'a réussi à représenter la terreur, le dégoût, le mépris, la colère, la tendresse amoureuse, l'extase religieuse avec autant de vérité que les somnambules, même les moins intelligents, lorsqu'on provoque chez eux ces sentiments. C'est que l'esprit, concentré en lui-même, n'est pas troublé par toutes ces excitations venues du dehors qui mettent sans cesse, et le plus souvent à notre insu, un frein à nos sentiments intérieurs. La colère d'un somnambule est la colère typique, idéale, et sa physionomie sera aussi expressive que le sentiment qui l'anime est puissant et sans mélange. Les magnétiseurs ont d'étranges prétentions. Ils déclarent que tous ces faits sont terre à terre et sans intérêt, et, pour planer sur les hauteurs, ils ont imaginé que l'intelligence des somnambules est capable de déchirer les voiles de l'avenir, de pénétrer les mystères des choses qui sont et qui seront. Ils ont même appelé *lucidité* cette propriété de voir sans le secours des yeux, par exemple de lire dans un livre fermé, d'entendre sans le secours des oreilles, ou encore d'assister à une conversation qui a lieu au moment même à l'autre bout du monde. Il faut faire justice de ces fables : il n'y a rien de surnaturel dans le somnambulisme comme dans l'attaque démoniaque, et aucun fait bien démontré n'a jamais permis de conclure à l'existence de la *double vue* ou de la *lucidité*. Les somnambules qui sont montrées dans les foires, ou dans les théâtres, comme par exemple la fameuse *Lucile* il y a quelques années, sont vraiment endormies. Mais leur somnambulisme réel n'exclut pas la simulation de la lucidité. Elles se rendent compte de ce qu'elles font et savent très bien que c'est leur métier de deviner l'avenir. Elles sont anesthésiques, de sorte qu'on peut les piquer, les pincer, les brûler sans provoquer de sensation douloureuse. De même les phénomènes de catalepsie peuvent être très facilement reproduits. Leur intelligence, surexcitée par la névrose dont elles sont atteintes, leur permet de trouver des réponses ingénieuses. En un mot, les somnambules des foires et des théâtres dorment réellement : ce ne sont pas des devineresses, mais des malades, et leur vraie place serait dans un hospice d'aliénés.

Le moment du réveil est fort curieux ; en effet, le plus souvent, les somnambules, lorsqu'ils se réveillent, sont dans une stupéfaction profonde, ils regardent les personnes qui les entourent sans pouvoir croire à la vérité de ce qu'on leur raconte ; ils n'ont conservé aucun souvenir de ce qui s'est passé pendant leur sommeil, et comme, au point de vue psychologique, le temps n'est mesuré que par le souvenir des idées, ils ont absolument perdu la notion du temps. Le moment où ils se sont endormis se confond avec le moment du réveil. Il arrive cependant que ce qui s'est passé pendant le sommeil revient à leur mémoire alors qu'ils sont de nouveau endormis ; c'est ainsi probablement qu'il faut expliquer le dédoublement de la personne dont parlent tant les magnétiseurs. Ce qui fait le *moi*, c'est pour ainsi dire la collection de nos souvenirs, et lorsqu'il se trouve des souvenirs réservés à un état physique spécial, on est presque en droit de dire que la personne s'est dédoublée, puisqu'elle se rappelle dans le sommeil toute une série d'actes qu'elle ignore absolument dans l'état de veille. Les hystériques de la Salpêtrière peuvent aussi, et très facilement, être endormies. Il suffit pour provoquer l'accès somnambulique d'une excitation forte des sens, comme par exemple l'éclat de la lumière électrique, ou le bruit métallique, strident, produit par la percussion brusque du tam-tam ou gong chinois. Alors aussitôt le sommeil survient, et cela avec une telle rapidité qu'elles ne conservent pas même le souvenir de l'excitation violente qui a anéanti pour un temps la conscience de leur existence. Si, pendant que les différentes malades sont réunies dans une des cours de l'hôpital, on fait résonner le gong, aussitôt la plupart d'entre elles s'arrêteront brusquement, les yeux ouverts et les membres placés dans une attitude qui exprimera la stupéfaction mêlée d'effroi. Cet état de sommeil, provoqué par une excitation violente, n'est pas tout à fait identique au somnambulisme qu'on produit avec des passes. Le sommeil est plus profond, plus brutal, plus pathologique, pour ainsi dire ; le système nerveux et le système musculaire sont plus gravement troublés dans leurs fonctions. L'insensibilité est complète. Pendant plusieurs heures, si on ne réveille pas la malade, elle reste anéantie dans un sommeil sans rêve. Si les yeux sont ouverts, il y a de la *catalepsie*, c'est-à-dire que les muscles gardent indéfiniment la position qui leur a été donnée ; par exemple, si le bras a été levé en l'air et placé dans une position invraisemblable, indéfiniment, sans qu'il y ait apparence de fatigue, le bras restera élevé, gardant l'attitude bizarre qu'on lui aura infligée. Au contraire, si les yeux sont fermés, on constate d'autres phénomènes. Les nerfs sont devenus extrêmement excitables. Il suffit de mettre le doigt sur le trajet d'un nerf pour faire contracter les muscles auxquels ce nerf va donner le mouvement. Les muscles eux-mêmes ont une excitabilité extrême ; il suffit de les toucher pour provoquer leur contraction et même leur *contracture*. Si l'on insiste, la contracture devient très intense : ainsi les doigts se fléchissent avec force dans la main et l'avant-bras sur le bras. Que si alors on réveille la malade, sans avoir pris soin de relâcher sa contracture, cette contracture persistera pendant longtemps, car il sera presque impossible de la faire cesser sans recourir à un nouvel accès de somnambulisme.

Les symptômes de cette étrange maladie ne se voient pas seulement chez les femmes et les hystériques ; on les observe aussi, quoique plus rarement, chez les jeunes gens et les hommes âgés ;

et non seulement ils apparaissent quand on les provoque, mais quelquefois ils se développent spontanément, sans qu'on cherche à les faire naître. Le somnambulisme naturel, qui a tant excité la curiosité des médecins d'autrefois, est maintenant une affection bien décrite. On en cite tous les jours de nouveaux exemples. Les somnambules, au milieu de la nuit, se lèvent, s'habillent, font mine de sortir pour vaquer à leurs affaires. Leurs yeux sont fermés, quelquefois grands ouverts ; mais il n'y a pas de vision proprement dite. La vision est tout intérieur, si bien que, sans lumière, les somnambules se dirigent à travers les meubles épars dans la chambre. La mémoire est le guide fidèle de leurs mouvements. Ils lisent mentalement le livre qu'ils ouvrent, et accomplissent telles actions qu'ils feraient étant éveillés, comme, par exemple, de nager, de courir, d'écrire, de faire des armes. Que si on les réveille subitement, ils sont stupéfaits de se voir debout et habillés, alors qu'ils s'imaginaient reposer tranquillement dans leur lit. Au lieu de rechercher le merveilleux de ces phénomènes, ne vaut-il pas mieux constater qu'ils ressemblent à ceux qu'on observe dans le sommeil ordinaire ? La mère, penchée au chevet de son enfant malade, peut, par ses caresses et ses douces paroles, calmer l'esprit agité par les visions terrifiantes du cauchemar, si bien que l'enfant, sans se réveiller, dort plus calme. Souvent, lorsque nous sommes à demi réveillés, à demi-endormis, comme le soir par exemple, quand le sommeil nous accable, ou le matin, quand il ne nous a pas quittés tout à fait, nous agissons, nous parlons, sans nous rendre bien compte de nos actes et de nos paroles. C'est un léger degré de somnambulisme, et, pour peu qu'on s'étudie soi-même avec quelque soin, on reconnaîtra qu'au commencement ou à la fin du sommeil la conscience complète, exacte, de nos actions ou de nos pensées nous échappe. Il y a donc une série de transitions insensibles entre le sommeil commun, banal, de tout le monde, et le sommeil bizarre, étrange en apparence plus qu'en réalité, des somnambules et des hystériques. Quoiqu'il y ait là toute une série de faits positifs, démontrés et faciles à vérifier, il se trouve encore un certain nombre de médecins qui n'en admettent pas la réalité, et qui, au seul mot de somnambulisme, se contentent de sourire comme s'il ne s'agissait que d'une colossale déception. Pour eux, tous les cas de sommeil ne sont que des comédies jouées avec talent devant des gens trop naïfs par des femmes nerveuses et fanatiques de fourberie. S'ils pensent ainsi, c'est qu'ils se sont contentés d'assister aux scènes acrobatiques que les magnétiseurs et les somnambules de profession offrent en spectacle à la crédulité du public. Mais s'ils avaient observé par eux-mêmes, s'ils avaient touché de leurs mains et vu de leurs yeux ces phénomènes dont ils nient l'existence, ils tiendraient, je n'en doute pas, un tout autre langage. Est-il possible de supposer que depuis cent ans, pour se conformer aux fantaisies du petit paysan Victor, le premier malade du marquis de Puységur, tous les somnambules qui sont venus ensuite ont simulé les mêmes phénomènes ? Pourquoi, par quelle étrange divination, présentent-ils tous les mêmes symptômes d'une même névrose ? Ne serait-ce pas un phénomène bien merveilleux que cette simulation qui dure depuis un siècle dans toute l'Europe et qui se trouve être toujours la même ? Tous les médecins, tous les savants qui se sont adonnés à cette étude auraient donc été victimes de la même inexplicable fourberie ?

Ainsi le somnambulisme peut être considéré comme une maladie véritable, maladie dont les symptômes sont aussi bien décrits que ceux de l'hystérie ou de l'épilepsie. Le seul côté étrange et obscur de son étude, c'est que cette névrose peut être provoquée par des manœuvres extérieures dont le mode d'action nous échappe. Mais parce que nous ignorons la cause des phénomènes, ce n'est pas une raison pour en nier l'existence. Plus tard, dans quelques années peut-être, on arrivera à la connaissance exacte, non pas des symptômes, qui sont à peu près bien connus aujourd'hui, mais des causes physiologiques du somnambulisme. Il est permis d'espérer que les procédés empiriques qu'on emploie de nos jours seront remplacés par des méthodes scientifiques que personne ne pourra mettre en doute et dont tout le monde pourra constater l'efficacité.

En résumé, nous avons vu que, sans produire l'aliénation proprement dite, il y a des maladies qui troublent profondément les fonctions de l'intelligence. Certes ces troubles sont étranges et faits pour surprendre ; mais on peut affirmer qu'ils sont soumis à des lois naturelles, et non à la fantaisie des sept millions quatre cent cinq mille neuf cent vingt-six diables de l'enfer. Telle n'était pas l'opinion des juges du XVIIe siècle, et ce n'est pas un des moindres bienfaits de la science que d'avoir affirmé et prouvé l'innocence des malheureux qu'on faisait jadis monter sur le bûcher.

Notes

1.   Ce sont ces photographies, si instructives pour l'histoire des maladies nerveuses, qui forment la belle publication de MM. Bourneville et Regnard, intitulée Iconographie photographique de la Salpêtrière.

2.   Albert Delpit : le Mariage d'Odette.

3.   Paul Richer, Etude descriptive de la grande attaque hystérique, 1879. Les nombreux dessins annexés à ce travail, ainsi que les belles photographies de MM. Regnard et Bourneville (Iconographie photographique de la Salpêtrière), permettent de se faire une très bonne idée, des différentes périodes qui se succèdent pendant l'attaque d'hystérie épileptique.

4.   La Piété affligée, ou Discours historique et théologique de la possession des religieuses dites de Sainte-Elisabeth, à Louviers, par Esprit de Bosroger, capucin. Rouen 1752 p. 257. C'est cet ouvrage, bien curieux cependant, que Michelet appelle un livre immortel dans les annales de la bêtise humaine. Nous aurons l'occasion d'y revenir. Au demeurant ou pourra déjà juger du style d'Esprit de Bosroger par la citation que nous donnons ici.

5.   Des noms de jeunes gens ont remplacé les noms de diables que les démoniaques d'autrefois donnaient aux personnages de leurs hallucinations.

6.   Pour le récit plus détaillé des faits relatifs à G…, je renverrai à l'Iconographie photographique, première partie, p. 65 et suiv.

ISBN : 978-1981472000